FEDERICA RAPONE

STRESS DA
CONDOMINIO

Cause, rimedi, strategie comportamentali

Prima Edizione: Novembre 2023

Ogni riproduzione dell'opera è vietata,
salvo espressa autorizzazione da parte dell'eutore.

© Copyright Federica Rapone

INDICE

INTRODUZIONE 7

PRIMA PARTE 11

Amministratori sull'orlo di una crisi di nervi: le cause dello "stress da condominio" e il peso crescente della leadership 11

L'amministratore "stressato": effetti, comportamenti, sintomatologia 16

Morfologia, ragioni e dinamiche dei "conflitti" condominiali 19

Educare, ascoltare, costruire relazioni: il condominio possibile 25

La formazione dell'amministratore: metodo da perseguire e antidoto allo "stress da condominio" 31

SECONDA PARTE 37

Gestione delle emozioni e linguaggio del corpo: un binomio vincente 37

L'asso nella manica del moderno amministratore di condominio: il nodo dell'intelligenza emotiva e i suoi principali fattori 41

E se l'intelligenza emotiva fosse scarsa o assente? Come accorgersene, come "misurarla", come potenziarla 47

Altre frecce nell'arco dell'amministratore di condominio 2.0: autoconsapevolezza e mindfulness 59

Per una gestione ordinata e razionale della realtà condominiale: controllo emotivo, automotivazione, empatia 67

Saper capire per poter fare: le "competenze emotive" e l'amministratore di condominio come problem solver. 74

INTRODUZIONE

L'amministratore di condominio è una figura professionale che ha assunto progressivamente una importanza sempre maggiore nelle società contemporanee. Non a caso il legislatore se ne è occupato in maniera crescente nel corso degli ultimi anni e, con le recenti disposizioni, gli ha assegnato un ruolo specificamente "sociale", nella fattispecie a tutela dei cittadini consumatori. Per queste ragioni, nonostante sul piano giuridico l'istituto condominiale necessiti senz'altro d'essere inserito in un quadro più vasto e completo, la figura dell'amministratore di condominio ha acquisito nel tempo una professionalità riconosciuta e accreditata. Essa è legata alle materie e alle discipline che interessano appunto la comunità costituita dal condominio, infatti l'amministratore deve apprenderle e metterle in pratica, allo scopo di assicurare ai condomini standard elevati per quanto riguarda la qualità della vita e la loro sicurezza.
In quest'ottica l'amministratore – che pure resta strutturalmente una figura ibrida – deve essere considerato un soggetto che per molti aspetti somiglia a un manager: qualcuno cioè che sa governare nel migliore dei modi le emozioni e le sensazioni umane, in virtù delle quali il condominio

può diventare una comunità caratterizzata dalla coesistenza serena, pacifica, in cui i conflitti vengono stemperati o, appunto, amministrati e nient'affatto esasperati. Se del resto il condominio è riconosciuto – anche a livello giuridico – come una comunità, nella quale la gestione delle cose comuni è affidata a un soggetto che ha il potere e il dovere di svolgere tale compito, è fondamentale che esso sia considerato un professionista a tutti gli effetti, attento a muoversi nel rispetto rigoroso delle norme e nell'adempimento pieno dei propri doveri.

È così che il campo in cui si è trovato a operare l'amministratore di condominio è diventato negli anni più ampio, mentre allo stesso tempo questa figura ha rivendicato e poi ottenuto una autonomia sempre maggiore. I compiti dell'amministratore, del resto, non sono meramente "esecutivi", anche perché il condominio va considerato un conglomerato di individui, ognuno differente rispetto all'altro e che l'amministratore deve saper coordinare, identificando e tutelando gli interessi di ciascun membro, la loro incolumità, nonché mettendo in pratica tutte quelle attività e quelle opere in grado di rendere proficua la convivenza.

È allora facile comprendere come l'importanza crescente di questa figura sia andata di pari passo con la sua capacità di essere leader – sebbene, occorre ricordarlo, l'amministratore non abbia poteri "assoluti", dal momento che egli non può andare al di là di ciò che prevede sia la legge sia lo specifico regolamento di condominio – ovvero qualcuno le cui qualità e abilità sono riconosciute nell'ambito della comunità che egli amministra, alla quale pertanto è in grado di apportare concreti benefici. In tal senso l'amministratore di condominio ha assunto progressivamente funzioni molteplici, essenzialmente amministrative, finanziarie, fiscali e legali, là dove è diventata fondamentale per lui una competenza specifica nel campo della gestione delle risorse umane.

Questa figura, pertanto, è costretta quotidianamente dalle sue stesse mansioni ad affrontare un complesso di questioni, problemi, lagnanze che determina ovviamente l'aumento esponenziale dello stress, nonché la stessa vulnerabilità emotiva di questo soggetto, spesso bersagliato da una mole di proteste e allo stesso modo di incombenze. Tutto ciò è così impegnativo da diventare facilmente stressante, e a tal punto che occorre approntare strategie contenitive, capaci di tutelare sia l'amministratore sia i condomini da quello che può anche trasformarsi in uno stato permanente di tensione emotiva.

Ecco perché mi è sembrato fondamentale – a maggior ragione vista la mia esperienza di amministratrice di condominio – soffermarmi in questo libro su quelli che sono ormai diventati nodi strutturali della nostra professione, che credo sia importante affrontare e analizzare: l'identificazione delle molteplici cause di ciò che possiamo definire "stress da condominio", quindi la necessità di tutelare l'equilibrio psicologico dell'amministratore nell'espletamento delle sue funzioni, ovvero nei rapporti – non di rado conflittuali – con la comunità che egli governa; infine, nella seconda parte del libro, il tentativo e la mia personale volontà di applicare alla sfera del condominio e della sua amministrazione alcuni assunti tipici dell'intelligenza emotiva, dell'autoconsapevolezza, più in generale di quelle tecniche motivazionali, comportamentali e gestionali della personalità umana che si sono rivelate in grado di ridurre in ambito lavorativo l'impatto negativo dello stress, della tensione, ma anche di quei deficit emotivi che spesso rendono precario il nostro equilibrio, dunque la nostra capacità di relazionarci agli altri.

PRIMA PARTE

Amministratori sull'orlo di una crisi di nervi: le cause dello "stress da condominio" e il peso crescente della leadership

Le cause di questo stress riguardano in massima parte l'incomunicabilità e l'assenza di comprensione reciproca, che si instaurano all'interno del condominio nel momento in cui i suoi membri non sembrano capaci di capire e soprattutto di contestualizzare l'attività dell'amministratore. I problemi allora si moltiplicano e ingigantiscono, mentre l'amministratore si trasforma rapidamente in un capro espiatorio, poi in un comodo bersaglio, qualcuno cioè da attaccare e da criticare in maniera spesso aprioristica.

D'altronde la quantità di competenze richieste a un amministratore – tanto quanto le sue responsabilità complessive – è notevole e tutto ciò non è agevole da spiegare ai condomini. Non è casuale che diversi amministratori deplorino il fatto che molti membri della comunità che essi governano hanno la spiacevole consuetudine di rivolgersi continuamente a loro, senza limiti di orario o di semplice cortesia, magari per futili motivi. Ciò perché il rilievo crescente assunto dalla figura dell'amministratore di condominio lo ha trasformato, nella percezione comune, in qualcuno che ha il compito e soprattutto il dovere di risolvere problemi, addirittura tutti i problemi, ventiquattr'ore su ventiquattro, anche quelle questioni di cui in realtà egli non dovrebbe affatto occuparsi. Quanto sia errata – e, appunto, stressante nei suoi effetti concreti – questa percezione lo dimostra la tendenza, piuttosto diffusa, a pretendere dall'amministratore sia una disponibilità assoluta rispetto a qualsiasi genere di richiesta da parte del condomino; sia la soluzione di problemi che però non gli spettano e che non rientrano nelle sue mansioni.

È naturale che in un simile contesto la convivenza tra condomini e tra questi ultimi e l'amministratore tenda spesso a degenerare, o comunque a impoverirsi sul piano dei contenuti. Del resto non sono pochi quegli amministratori che si lagnano del fatto che le assemblee condominiali si svolgano in assenza d'un focus su temi realmente dirimenti. La tendenza al contrario è alla dispersione, quindi le assemblee diventano fin troppo lunghe, monotone, *de facto* inutili o quasi e soprattutto stressanti, oltre a rivelarsi tutt'altro che appaganti a livello professionale; e infatti non è infrequente che l'amministratore sia costretto a indire una seconda assemblea, perché la prima è stata totalmente infruttuosa rispetto all'ordine del giorno.

Un altro fattore di crisi e al contempo una causa di stress è costituito dagli scontri verbali fra condomini e amministratore, quindi dalla crisi crescente e non di rado irreversibile del loro rapporto. Troppe volte accade che un amministratore – ancorché competente e onesto – venga accusato di chissà quali colpe o negligenze, nel migliore dei casi di dabbenaggine. Queste critiche, spesso reiterate, generano ovviamente una forte tensione emotiva nell'amministratore di condominio, che si ripercuote negativamente sul suo lavoro ma spesso sulla sua psiche, a tal punto che vi sono casi in cui si arriva alle dimissioni, cioè a gettare la spugna perché sopraffatti dalla frustrazione, dallo sconforto e da quello che potremmo definire il *dark side* di questa difficile professione.

È peraltro acclarato che in quegli ambienti e in quei gruppi sociali nei quali dominano l'incompetenza e la maleducazione, sia pressoché impossibile sviluppare relazioni positive, caratterizzate dal dialogo e dal rispetto reciproco; tanto più nello specifico costituito dalla comunità condominiale. Va da sé, comunque, che l'amministratore di condominio ha il dovere di non soccombere dinanzi a queste difficoltà fisiologiche, bensì di attuare strategie comportamentali – in certo modo "difensive" – adeguate, a seconda della situazione nella quale verrà a trovarsi. In questa maniera egli potrà evitare che le critiche degenerino, trasformandosi magari in liti con i condomini o in gesti ancor più spiacevoli, ma soprattutto in cause di una preoccupazione e di un'ansia che possono anche diventare ingestibili a lungo andare.

Quando ci si dedica a questa professione, inoltre, la giornata è davvero "piena", vale a dire occupata da questioni lavorative. Anche questa può essere una causa di stress e del resto non è semplice offrire una disponibilità tendenzialmente "assoluta" a risolvere problemi, insomma ad agire là dove richiesto, magari coinvolgendo determinati tecnici nel corso di sopralluoghi e interventi. Vivere così, costantemente sul chi va là o nella certezza di una prossima emergenza da affrontare in maniera tempestiva, può determinare nell'amministratore di condominio uno stato ansiogeno, che può arrivare a momenti estremi come quello del cosiddetto *burn out*, meglio noto come esaurimento nervoso.

È facile comprendere, pertanto, l'opportunità per l'amministratore di porre a sé stesso alcuni quesiti, che essenzialmente riguardano la capacità di individuare i propri limiti psicofisici, così da non superarli; ma anche la maggiore o minore eventualità di togliere del tempo alla propria vita extralavorativa, infine la necessità di far presente ai condomini che la propria "disponibilità" non deve essere ritenuta illimitata.

In virtù di tale dinamica diventano imprescindibili – assumendo dunque un'importanza inedita rispetto al

passato – tutti quei passaggi e quegli elementi che attengono in maniera specifica al rapporto fra amministratore e condomino. Si tratta in buona sostanza di fattori relazionali e comportamentali – su cui ci soffermeremo perlopiù nella seconda parte del libro – che devono ormai far parte del bagaglio professionale di qualsiasi amministratore di condominio. Grazie ad essi quest'ultimo sarà capace di valorizzare al massimo il proprio "impatto umano" sulla comunità che ha il compito di governare, dando vita a rapporti positivi e proficui con i singoli condomini, caratterizzati da un livello ottimale di empatia. In ragione di ciò l'amministratore sarà in grado di entrare in connessione con le diverse e molteplici tipologie di condomino, sviluppando inoltre una particolare abilità nel prevenire – o ancor meglio nell'evitare – le situazioni più spinose, che possono sempre determinarsi in tale contesto.
Acquisendo questa effettiva abilità, l'amministratore di condominio diventerà pienamente consapevole per quanto riguarda le proprie modalità comunicative e relazionali, che affinerà, evitando così errori e disattenzioni, nonché aumentando il carattere performante del proprio lavoro. Ogni condomino d'altronde va considerato un soggetto a sé stante, ovvero un individuo che ha comportamenti diversi rispetto a un altro, e a volte queste persone possono rivelarsi instabili, perché non hanno piena coscienza delle proprie azioni e reazioni.

L'amministratore ha dunque il dovere di interpretare correttamente il loro modo di pensare e di comportarsi, rapportandosi in maniera positiva alla personalità del condomino. In questo delicato ambito, peraltro, è nota l'importanza della cosiddetta comunicazione non verbale, quindi del linguaggio del corpo, costituito dalla mimica, dalla gestualità, dal volume e dal timbro della voce, e via dicendo. Quanto detto sinora, in conclusione, conferma che l'ansia o appunto lo stress da condominio deve essere evitato grazie alla capacità dell'amministratore di diventare una figura in grado di vantare specifiche qualità psicologiche e abilità comunicative, in assenza delle quali la professione rischia di trasformarsi in un inferno o comunque in qualcosa di estremamente arduo e sterile.

L'amministratore "stressato": effetti, comportamenti, sintomatologia

Studi e statistiche recenti hanno rilevato che la professione di amministratore di condominio determina stress e ansia a causa di fattori ben precisi, sui quali in parte ci siamo già soffermati: la natura variegata e fisiologicamente *multitasking* di questa professione, nonché la difficoltà strutturale a stabilire relazioni positive con le molteplici realtà sociali e culturali che vengono amministrate, mentre rapporti sereni con la comunità costituita dal condominio sono altrettanto difficili da costruire.

A ciò occorre aggiungere il carattere spesso mal definito – sul piano normativo e prescrittivo – del lavoro di amministratore di condominio, dunque il riconoscimento ancora parziale di una professione che però riguarda ormai quasi 200.000 soggetti sparsi sul territorio nazionale; infine la presenza di operatori che, proprio in ragione di quanto appena detto, dimostrano di essere non del tutto competenti.

La questione annosa del riconoscimento di una specifica figura professionale, unita al problema dell'individuazione delle competenze adeguate al ruolo di amministratore di condominio, genera pertanto un *mix* ansiogeno, in virtù del quale è più facile che vi sia incomprensione reciproca all'interno della comunità condominiale.

Tutto ciò produce inevitabilmente nell'amministratore malessere, stress, ma anche difficoltà a impiantare relazioni ottimali con i condomini, mentre diminuisce la considerazione e perfino il rispetto che essi hanno nei suoi confronti. In questa maniera l'autorità dell'amministratore viene minata, ed egli non è più in grado di svolgere le sue indispensabili funzioni di gestore e mediatore dei conflitti che interessano strutturalmente il condominio. Abbiamo già accennato al fatto che l'amministratore di condominio è una figura che rischia più di altre l'esaurimento nervoso, appunto perché bersagliata giorno per giorno da dissidi e ostilità che fatalmente lo investono. Questa condizione determina in lui un disagio profondo, che se non viene analizzato e risolto può trasformarsi in una vera e propria patologia.

Al vasto e preoccupante fenomeno dello "stress", d'altronde, vanno soggette tutte quelle professioni contraddistinte da un innegabile e inevitabile momento relazionale. Chi è "stressato" solitamente lamenta malesseri o addirittura dolori fisici, ha una tendenza ad ammalarsi più di frequente, ma soprattutto accusa disturbi di natura psicologica – sindromi depressive, irascibilità, perdita del sonno – che lo tormentano in ambito lavorativo ed extralavorativo. È così che questo soggetto sarà facile preda di fenomeni degenerativi come ad esempio la tendenza ad assentarsi dal lavoro, l'incapacità di essere motivati e concentrati, l'impossibilità di gestire in modo ottimale i rapporti umani, fino a raggiungere – nei casi più gravi – un vero e proprio stato psicopatologico.

L'amministratore di condominio va soggetto a questi molteplici sintomi e disturbi, che possono insinuarsi nella sua personalità nel corso del tempo e in fasi diverse, nonché in modi differenti. Piuttosto comune, comunque, è la sensazione della propria inutilità a livello umano e professionale, che si unisce alla convinzione di essere irrilevanti nella soluzione dei problemi che interessano il condominio e rispetto ai quali l'amministratore "stressato" sviluppa solo frustrazione e impotenza. Può fare da *pendant* a questa preoccupante condizione psicologica la tendenza – puramente reattiva, speculare ma sterile – ad aumentare in maniera esponenziale la propria attività lavorativa, anche se in tal caso ciò avverrà senza logica e senza costrutto. Altrettanto diffusa, inoltre, è la tendenza ad allontanarsi progressivamente dalla propria dimensione professionale, nei confronti della quale ci si mostrerà dunque indifferenti, freddi, distaccati, anche nei confronti dei condomini.

Morfologia, ragioni e dinamiche dei "conflitti" condominiali

Il condominio è un "luogo" particolare, in cui non di rado esplodono tensioni e inquietudini che si sviluppano in realtà in un altro contesto: familiare, perlopiù, o magari lavorativo. La comunità condominiale inoltre è caratterizzata da alcuni elementi distintivi, *in primis* dal fatto che i suoi membri sono soggetti a una parziale coabitazione, in ragione della quale non è sempre agevole costruire relazioni pacifiche, razionali, dunque rispettose della sensibilità e dei diritti altrui.
I conflitti in quest'ambito possono assumere le più svariate forme, indirizzandosi verso molteplici oggetti del contendere, tutti riguardanti comunque un interesse specifico dei condomini. Le cause delle

controversie non sono affatto di carattere esclusivamente economico, anche perché se così fosse sarebbe relativamente semplice risolverle. Purtroppo, al contrario, questi dissidi sono generati il più delle volte da motivi puramente psicologici – in alcuni casi patologici – e inerenti alla sfera emotiva, comportamentale, relazionale. Non di rado, infatti, quello che può sembrare a prima vista l'"interesse" di un condomino, in virtù del quale egli è mosso ad agire contro l'amministratore, cela in realtà un astio e un malumore che sono a ben vedere eccessivi, incentrati dunque nella psicologia di questo individuo, magari in alcuni passaggi esistenziali traumatici.

Ecco perché l'amministratore di condominio spesso si trova dinanzi a un complesso di richieste e di comportamenti irrazionali, il cui unico scopo è arrivare a una situazione conflittuale. In ragione di ciò le famose "questioni condominiali" diventano un pretesto e addirittura un semplice sfogatoio, nel quale si accumulano malamente invidia, rabbia, delusione, fallimenti personali. In questo quadro il contesto in cui si trova a operare l'amministratore non può non apparire logorato, ed egli sarà letteralmente estenuato da questo "gioco", che del resto si rivelerà infruttuoso sul piano umano e professionale.

Proviamo allora ad elencare e al contempo ad analizzare i principali impulsi o input negativi che sono tipici di un condominio nel quale sia il rapporto fra condomini sia fra questi ultimi e l'amministratore si è sviluppato nel peggiore dei modi, in assenza appunto di relazioni realmente "umane" e di comportamenti caratterizzati dal rispetto e dalla tolleranza.

Innanzi tutto l'INSOFFERENZA, che riesce a farsi largo fra le maglie della comunità condominiale nel momento in cui le decisioni prese dall'amministratore vengono puntualmente contestate o comunque ritenute sbagliate, deboli, inutili. In questi casi si genera una opposizione sistematica da parte dei condomini, che può anche diventare pregiudiziale e favorire la lite.

Un'altra sensazione capace di proliferare in un condominio "stressante" è la DELUSIONE. Essa si manifesta nell'attimo in cui le delibere e le iniziative prese dall'amministratore o da un gruppo di condomini vengono ritenute da una parte della comunità errate, ma soprattutto non in sintonia con le proprie aspettative e con i propri interessi. L'illusione di essere stati rappresentati in maniera ottimale dall'amministratore o da una maggioranza assembleare, lascia pertanto il posto alla delusione ed essa può manifestarsi in mille modi. Se questa emozione negativa viene fatta crescere senza porvi rimedio, lo *step* successivo sarà il risentimento, che si esprime perlopiù con maldicenze e malignità ricorrenti fino ad arrivare – nei casi più gravi – alla calunnia.

In un condominio in cui i rapporti sono superficiali, incivili, spesso improntati all'insolenza ma soprattutto non gestiti in maniera ottimale dall'amministratore, a prendere il sopravvento sarà sul lungo periodo il LOGORAMENTO. Questa è una sensazione nociva, che è strettamente collegata proprio allo stress, il quale infatti può essere la conseguenza di un contesto condominiale ormai irrimediabilmente logorato. Quando l'amministratore o i singoli condomini non affrontano a viso aperto questa condizione e al contempo questo stato d'animo, il rischio è che il logoramento produca danni enormi, aumentando la conflittualità all'interno del condominio.

L'EVITAMENTO, invece, si manifesta nel momento in cui i rapporti nell'ambito della comunità condominiale sono caratterizzati dall'assenza di empatia e di interesse reciproco, fino al punto da rivelarsi sostanzialmente inesistenti. Possono sussistere alcune ragioni ben precise, di natura psicologica, che sono alla base dell'evitamento e che sono proprie di singoli condomini o di gruppi di essi: ad esempio la tendenza a mostrarsi chiusi e distaccati, magari a causa di una sensibilità eccessiva, di una scarsa considerazione di sé, o al contrario perché ci si sente superiori – per censo, per cultura, ecc. – quindi si è portati naturalmente a sfuggire gli altri. In alcuni casi attraverso l'evitamento il condomino può celare un contesto familiare fragile, problematico, disagiato e perfino illegalità o problemi con la giustizia.

Il FASTIDIO è un altro stato d'animo negativo ed è dovuto in massima parte alla reazione istintiva di alcuni individui a proposito di comportamenti e atteggiamenti di persone che fanno parte della medesima comunità condominiale; oppure, banalmente, il semplice rifiuto di odori – generati magari dalla passione di qualche condomino per la cucina speziata – o rumori – ad esempio provocati dal volume molto alto di uno stereo – riconducibili a determinati soggetti. Il fastidio è un fattore nocivo, perché pregiudica i rapporti all'interno del condominio. Spesso chiama in causa l'amministratore – che deve mediare e pacificare i conseguenti dissidi – ma soprattutto facilita l'instaurarsi d'un diffuso senso di rassegnazione, nonché l'allontanamento reciproco fra condomini. Quando il fastidio degenera, si può anche arrivare ad azioni vendicative, a dispetti o addirittura a violenze.

Vi è INCOMPRENSIONE, invece, quando non si è in grado di spiegare a sé stessi i comportamenti e le azioni di un altro condomino. In questi casi il dialogo è impossibile e la stessa iniziativa dell'amministratore cade nel vuoto. Si ha infatti la netta sensazione di parlare lingue diverse – e nel caso di realtà condominiali contraddistinte da una forte presenza di cittadini extracomunitari, o comunque stranieri, vi è spesso una incomprensione linguistica oggettiva fra condomini – quindi non è possibile alcun confronto effettivo. Se l'incomprensione non viene sanata può trasformarsi nell'ossessione dell'"altro", i cui comportamenti non sono capiti e da cui quindi ci si sente oscuramente minacciati: il rischio è appunto l'ossessione, la xenofobia o magari la vera e propria paranoia.

L'ultimo stato d'animo negativo che vogliamo prendere in esame è l'EQUIVOCO, il quale si insinua in quei membri della comunità condominiale che non sanno o non vogliono entrare in connessione coi loro simili. Ciò genera una condizione – che può diventare persistente – caratterizzata dall'impossibilità d'intendersi, di agire per un qualsiasi obiettivo comune, dunque segnata dall'assenza di fiducia, dalla circospezione, insomma da atteggiamenti che tendono a escludere l'altro. Anche in questi casi le iniziative dell'amministratore risulteranno vane o sterili, senza contare che in contesti in cui a prevalere è l'equivoco il dissidio è davvero dietro l'angolo, sempre.

In conclusione di questo paragrafo ricordiamo inoltre che grazie a test e a rilevazioni statistiche è possibile misurare esattamente la cosiddetta "personalità collettiva" di un condominio, derivante appunto dal livello – maggiore o minore – che nell'ambito della comunità condominiale è stato raggiunto dai fattori appena descritti. In questa maniera potremo anche calcolare il grado di affinità o di opposizione che qualifica le relazioni instauratesi nel condominio. Da queste rilevazioni emergerà dunque una tipologia ben precisa di condominio, in virtù della quale comprenderemo quali sono i suoi caratteri prevalenti e – in certo modo – i suoi tratti distintivi. Questo approccio renderà possibile la definizione di strategie adeguate, capaci di ovviare a tali problemi, diminuendo così il livello complessivo di quello che abbiamo chiamato non a caso "stress da condominio".

Educare, ascoltare, costruire relazioni: il condominio possibile

Quanto detto sinora conferma che l'unica strada percorribile, se si ha una concezione positiva e dinamica della professione di amministratore di condominio, è costruire relazioni positive nell'ambito della comunità condominiale. Questo obiettivo va perseguito con tenacia, anche perché non è affatto irrealistico, anzi può essere conseguito nel momento in cui l'amministratore affronta senza se e senza ma tali questioni, impegnandosi attivamente a individuare un percorso capace di produrre un cambiamento positivo – e soprattutto effettivo – dei rapporti nel condominio.
In tal senso è fondamentale la dimensione educativa del progetto che l'amministratore elaborerà e poi attuerà, anche perché spesso e volentieri è proprio

l'assenza di educazione – dunque l'inciviltà – a costituire la triste realtà dei rapporti fra condomini. Privilegiare un approccio di tipo pedagogico, allora, risulterà di grande importanza e d'altronde nelle relazioni interpersonali non può essere mai dimenticato l'aspetto educativo, che è sempre presente e implicito.

Se infatti esistono realtà condominiali caratterizzate dal rispetto reciproco e dalla tendenza ad aiutarsi e a venirsi incontro sulle singole questioni, in altre – quelle stressanti, appunto – prevale il disagio, il rancore, l'animosità, quindi proliferano i contrasti. Nel primo caso si è arrivati a un esito positivo perché la capacità di ascoltare le argomentazioni e le ragioni dell'altro si è rivelata effettiva, quindi è stato possibile costruire un percorso comune fra condomini.

L'amministratore in questa circostanza si è comportato come un elemento decisivo, attivo, in grado perciò di assolvere pienamente al proprio ruolo, mediando e aumentando le possibilità di dialogo all'interno della comunità che egli governa. In questa maniera sono diventati persistenti nel tempo fattori positivi come la razionalità, la pazienza, la comprensione reciproca, la fiducia, ovvero la qualità complessiva delle relazioni fra condomini, che è sensibilmente migliorata in ultima analisi.

L'amministratore di condominio pertanto – occorre

ricordarlo – è una figura professionale che può e deve agire in tal senso. Egli anzi ha tutte le carte in regola per fare ciò nel migliore dei modi, mostrandosi quindi autorevole, competente, sicuro di sé e delle proprie iniziative, dunque adatto a una *leadership* che del resto egli deve esercitare nell'ambito del condominio. L'amministratore infatti non può essere un soggetto volubile, insicuro, malfermo nelle sue convinzioni, bensì calmo, energico ma soprattutto impegnato costantemente nella valutazione dei rapporti fra condomini e dei contrasti che si sviluppano all'interno della comunità. In questo modo egli potrà ammortizzare gli urti e i dissidi e, avendo un quadro esatto dei problemi, sarà in grado di elaborare una strategia.

La funzione dell'amministratore peraltro non si limita alla mediazione pura e semplice, cioè alla volontà di raggiungere un compromesso a ogni costo, poiché ha origini e spiegazioni più profonde, infatti è in stretta connessione con il bisogno di decifrare e comprendere le cause psicologiche di quei contrasti che turbano la convivenza nel condominio. In ragione di ciò l'amministratore non può tralasciare aspetti ben precisi del suo operato e che riguardano direttamente la comunicazione, l'abilità nel gestire le relazioni interpersonali, ovvero un complesso di pratiche e di conoscenze che possono essere considerate l'antidoto allo "stress da condominio".

Proviamo allora ad analizzare quest'ambito, che l'amministratore deve frequentare assiduamente, formandosi in maniera specifica e acquisendo così determinate competenze. Prendiamo in esame, innanzi tutto, alcune "coppie" i cui fattori sono indissolubilmente legati; il primo di essi è quello positivo (segno +) in grado perciò di neutralizzare il secondo, che invece è negativo (segno −) e su cui abbiamo già ragionato.

+	−
RICONOSCIMENTO	EQUIVOCO
DISPONIBILITÀ	INSOFFERENZA
COMPLEMENTARITÀ	DELUSIONE
INCONTRO	LOGORAMENTO
DIALOGICITÀ	EVITAMENTO
INTEGRAZIONE	FASTIDIO
MEDIAZIONE	INCOMPRENSIONE

Vediamo nel dettaglio i fattori positivi. In virtù del RICONOSCIMENTO, ad esempio, comprendiamo che gli altri condomini sono nostri simili a tutti gli effetti, e come tali dunque vivono i nostri stessi problemi, hanno le medesime ansie o magari momenti di allegria e di spensieratezza. Il riconoscimento in realtà può essere insegnato e senz'altro va appreso scrupolosamente. È comunque essenziale sapersi immedesimare nel proprio interlocutore, individuando così le ragioni dalle quali egli è mosso. Il riconoscimento sconfigge l'equivoco, appunto perché si fonda sulla comprensione dell'altro.

La DISPONIBILITÀ implica invece un atteggiamento aperto rispetto all'altro condomino, ed esso è caratterizzato da cortesia e sensibilità. In questa maniera scopriamo che non è disdicevole né impossibile adoperarsi per il prossimo, tanto più se si tratta di una persona che fa parte della stessa comunità condominiale. Essere pronti a fornire un parere a un condomino, oppure prestargli qualcosa, magari ricevere una sua confidenza: sono tutti comportamenti che hanno un nesso esplicito con la disponibilità e come tali sono benefici, dunque diminuiscono l'eventualità d'incorrere nell'insofferenza per il prossimo.

Vi è poi la COMPLEMENTARITÀ, che è prodotta dalla certezza di poter intervenire in quegli ambiti e su quegli argomenti che non sono appannaggio dell'altro condomino, e viceversa. In questo modo si agisce e si va d'accordo, anche perché gli uni costituiscono appunto il complemento degli altri, quindi le iniziative comuni sono ben accette, perché si è consapevoli che tutti i condomini operano in maniera armonica e proficua. In un condominio caratterizzato dal prevalere di questo fattore dominano la serenità e la razionalità, dunque l'incidenza della delusione diminuisce drasticamente.

Nell'INCONTRO invece vi è il rimedio contro il logoramento, proprio perché questo fattore genera unità d'intenti e una coesistenza pacifica. Se si mostreranno capaci di assimilare questa virtù, i condomini capiranno che la "diversità" fisiologica degli individui, gli uni rispetto agli altri, è una ricchezza, una grande opportunità e nient'affatto un disvalore.

Se i condomini inoltre mostreranno di possedere un buon grado di DIALOGICITÀ, sarà possibile sviluppare il confronto in maniera ottimale all'interno del condominio e con lo stesso amministratore. Una comunità che sa discutere in modo civile, infatti, è portata naturalmente a evitare il litigio; e ciò perché si è consapevoli di potersi confrontare con tutte le opinioni, anche quelle più lontane dal proprio punto di vista. La dialogicità previene il cosiddetto evitamento, infatti stempera la tensione e rende impossibile l'incomunicabilità.

Quando in un condominio domina l'INTEGRAZIONE, il singolo membro della comunità non vorrà né potrà sovrastare l'altro. In questa maniera le prepotenze e i soprusi saranno pressoché nulli, tanto quanto i dissidi fra condomini, quindi l'amministratore potrà organizzare nel migliore dei modi il proprio lavoro. Grazie all'integrazione diminuisce il fastidio, dal momento che fra i condomini regnano armonia e rispetto.

La MEDIAZIONE, infine, dà senso compiuto alla parola "comunità", che del resto è alla base dell'idea stessa di "condominio". Non a caso quando si è capaci di mediare – e questo va considerato uno dei compiti principali dell'amministratore – la moderazione e la saggezza sono all'ordine del giorno, quindi gli obiettivi comuni vengono raggiunti più facilmente. Questa virtù impedisce l'incomprensione, che è sempre dannosa; e infatti mediando si finisce per trovare comunque un accordo.

La formazione dell'amministratore: metodo da perseguire e antidoto allo "stress da condominio"

Abbiamo preso in esame finora le cause che determinano il cosiddetto "stress da condominio", analizzando anche alcuni possibili rimedi e approcci positivi al problema.

È nondimeno essenziale, a ben vedere, il nodo della formazione, che è un passaggio fondamentale a cui tutti gli amministratori devono dedicarsi con impegno. Grazie a una formazione rigorosa, la professione di amministratore di condominio si avvale di preziosi contenuti e di strumenti specifici:

indispensabili "ferri del mestiere", insomma, tanto più necessari in un contesto lavorativo "atipico" come è appunto quello dell'amministratore di condominio.

Questo lavoro implica peraltro una capacità relazionale elevata, che va dunque appresa, sviluppata e allenata in maniera costante. In questo modo sarà possibile per l'amministratore sia accrescere il proprio bagaglio di competenze, aggiornandosi di continuo; sia alleviare il peso del famigerato "stress da condominio" e tendenzialmente farlo scomparire, aumentando così la produttività del proprio lavoro e normalizzando al contempo i rapporti all'interno della comunità condominiale.

Il metodo è quello di garantire all'amministratore percorsi educativi ben precisi, analitici e non superficiali, in ragione dei quali egli potrà sviluppare le proprie attitudini a gestire positivamente la dimensione relazionale, emotiva, comportamentale, prestando così la massima attenzione a prevenire ogni possibile conflitto nell'ambito del condominio. In quest'ottica risulterà di grande importanza l'acquisizione di determinate tecniche comunicative da parte dell'amministratore.

In caso contrario egli sarà letteralmente sopraffatto dall'ansia e dallo stress, che d'altronde abbiamo visto essere originati da questioni spesso annose e da problemi complessi, variegati, non di rado difficili da sradicare. Tra i problemi più persistenti, che tormentano gli amministratori, vi è ad esempio il complesso di questioni legate al contenzioso condominiale: una mole impressionante di atti giudiziari, che nel territorio nazionale arriva a coprire circa il 10% – ovvero 400.000 casi – del carico totale che grava sui tribunali.

I motivi che portano a tali contenziosi – i quali angustiano sia i condomini sia le aule dei tribunali – sono del resto molteplici e in questa sede è possibile elencarne solo alcuni. Essi vanno dalle contestazioni al modo in cui gli amministratori ripartiscono le spese condominiali, passando poi per le delibere concernenti i lavori straordinari e che vengono impugnate da quei condomini che non le accettano. Si arriva inoltre a quei dissidi che scoppiano a causa della presenza di animali domestici, o magari della scarsa pulizia delle parti comuni, fino alle critiche riservate a quegli orari del riscaldamento centralizzato ritenuti illogici e che possono anche determinare costi eccessivi.

Potremmo continuare nella casistica – ad esempio la denuncia di rumori o anche di odori sgradevoli e disturbanti – ma quel che più conta sottolineare è che in realtà è possibile evitare le liti all'interno del condominio, quindi le azioni giudiziarie che ne derivano. Oltre al nodo della formazione degli amministratori, infatti, su cui ci siamo soffermati, è necessario che i singoli condomini accrescano considerevolmente le proprie capacità e abilità relazionali. Così potranno affrontare le incombenze quotidiane in maniera più serena, non conflittuale, riuscendo perciò a rispettare profondamente gli altri membri della comunità condominiale. D'altronde essere in grado di immedesimarsi nel prossimo è fondamentale, perché ci aiuta a regolare le emozioni e ci rende soggetti realmente attivi, portati cioè ad ascoltare e a comprendere le ragioni e i comportamenti altrui.

In caso contrario amministrare una realtà complessa e multiforme come quella di un condominio può diventare proibitivo: ad esempio la morosità, che può diventare addirittura ingestibile sul lungo periodo. Del resto scongiurare il contenzioso in condominio ad oggi continua ad essere estremamente difficile, in alcune circostanze perfino una chimera o un miraggio, tanto più nell'attimo in cui gli amministratori di condominio continuano a muoversi in contesti formativi ed educativi complessivamente arretrati, in cui mancano ancora competenze essenziali: psicologiche, sociologiche, economiche, giuridiche.

Certo, la mediazione introdotta dal Dlgs n. 28/2010 ha portato alla diminuzione complessiva delle controversie capaci di affollare le aule giudiziarie, nonché a una parallela diminuzione dello stress cagionato da questi dissidi. Siamo tuttavia ancora lontani dalla meta, ovvero da una gestione moderna e razionale della comunità condominiale da parte dei soggetti deputati a farlo: gli amministratori. Per fare in modo che questa realtà non somigli più al campo di Agramante, diventando altresì un luogo armonico, sereno e pacifico, è necessario l'impegno di tutti: condomini e amministratori.

SECONDA PARTE

Gestione delle emozioni e linguaggio del corpo: un binomio vincente

Nella prima parte del libro abbiamo spiegato cosa è lo "stress da condominio", entrando anche nel merito del ruolo e delle funzioni dell'amministratore, dei suoi rapporti con i condomini e delle relazioni complessive che si instaurano nell'ambito della comunità condominiale, infine delle cause che sono all'origine di determinati problemi e di quei rimedi grazie ai quali è possibile risolvere tali questioni, o comunque affrontarle in modo razionale. Concludendo il primo segmento del libro abbiamo sottolineato non a caso l'importanza della formazione, dunque dell'adozione – da parte dell'amministratore aggiornato e competente – di strategie comportamentali adeguate, moderne, efficaci.
Nella seconda parte affronteremo in maniera specifica questo nodo tematico, che riguarda la vera e propria abilità dell'amministratore nel gestire i rapporti umani, ovvero le relazioni e ancor più le *emozioni*. Si tratta d'una serie di pratiche e di competenze che ormai devono ritenersi basilari nel quadro della nostra professione, davvero imprescindibili e chi non ne è in possesso ha

l'obbligo di colmare al più presto tale lacuna. L'intera sfera "emotiva" infatti è spesso percepita in maniera errata – anche perché non la si conosce abbastanza – e quegli amministratori di condominio che non sanno governarla devono imparare, essenzialmente per attivare un importantissimo processo di adattamento all'ambiente in cui operano. Per agire in tal senso non solo è necessario comprendere come gestire le emozioni, ma anche accrescere la propria capacità di "soffrire" sul piano psicologico, innescando così una apposita dinamica reattiva, vale a dire l'abilità che ognuno di noi ha nel superare le difficoltà. Comportandosi in questo modo l'amministratore saprà essere resiliente, ovvero saprà sempre come affrontare le questioni che man mano si pongono, anche quelle più spinose; e del resto non è possibile rinvigorire l'abilità relazionale semplicemente evitando ciò che infastidisce o urta la sensibilità.

Per affrontare al meglio quelle situazioni che in una comunità variegata e complessa come il condominio sono inevitabili, è opportuno che l'amministratore non metta mai la testa sotto la sabbia ma anzi viva giorno per giorno ogni momento negativo, mostrandosi in grado d'interpretarlo nel migliore dei modi per poter poi rilanciare il proprio ruolo e soprattutto la propria *leadership*.

Sfortunatamente è un miraggio pensare di avere il controllo su qualsiasi aspetto dell'esistenza o perfino della sola dimensione lavorativa, tuttavia è possibile realizzare un *focus* su quel che si ha l'opportunità di gestire: in questa maniera anche l'amministratore di condominio allenerà la propria resilienza, cioè adattandosi alle difficoltà e ai cambiamenti, agendo e non subendo passivamente le circostanze. In assenza d'un approccio del genere è facile che l'ansia e lo stress prendano il sopravvento e che la vulnerabilità emotiva dell'amministratore raggiunga livelli eccessivi, che in alcuni casi – come abbiamo già visto – possono anche diventare preoccupanti o patologici.

L'ansia e lo stress infatti se non arginati rischiano di trasformarsi in sensazioni paralizzanti, che generano la paura o riducono eccessivamente i nostri spazi mentali, addirittura facilitando l'insorgere di sindromi depressive; ma soprattutto possono compromettere le relazioni interpersonali. Ecco perché l'amministratore di condominio – che agisce in un contesto delicato e a volte fragile sul piano "emotivo" – ha il dovere di conoscere quei meccanismi che attivano e regolano determinate emozioni: non per limitarsi a "pensare positivo", quanto piuttosto per districarsi in una realtà difficile, mutevole, nella quale egli dovrà muoversi agilmente e senza alcun imbarazzo.

In quest'ottica può essere utile ricordare brevemente l'importanza del linguaggio del corpo, il quale del resto è parte costitutiva della nostra identità, perché si ha piena consapevolezza di sé anche e soprattutto sulla base di una percezione corporea. Il corpo infatti è quel fondamentale "confine" tra il nostro io e la realtà che ci circonda; senza contare che ogni mutamento o reazione a livello psicologico ha sempre dei "contraccolpi" sul fisico. Ad esempio quando si è stressati è più facile ammalarsi o accusare disturbi muscolari.

Nell'attività quotidiana dell'amministratore di condominio è usuale trovarsi dinanzi a situazioni ansiogene, che mettono a dura prova la resistenza psicofisica. Ecco perché è basilare per questa figura professionale avere piena coscienza dei sottili equilibri esistenti fra corpo e mente, e allo stesso tempo conoscere il linguaggio del corpo: sia per approcciare nel migliore dei modi i condomini, anche quelli più scorbutici; sia – ragione di ciò – per diminuire considerevolmente il carico di stress e di preoccupazioni che gravano sull'amministratore.

Saper comprendere da un semplice gesto, dall'intonazione della voce o da un riflesso nello sguardo chi si ha di fronte, da quali idee o pulsioni questo individuo è mosso, è infatti di grande importanza per un amministratore, che così potrà sempre avere un quadro esatto della "situazione emotiva" della comunità condominiale, rispetto alla quale egli si comporterà dunque di conseguenza, a seconda dei soggetti con cui dovrà relazionarsi. Inoltre egli avrà un'arma in più per prevenire dissidi e possibili cause di scontri verbali, comunque di tensioni all'interno del condominio.

L'asso nella manica del moderno amministratore di condominio: il nodo dell'intelligenza emotiva e i suoi principali fattori

Essere "intelligenti" di solito viene associato a capacità mentali che si ha l'impressione e a volte la certezza di poter misurare, individuandole agilmente: essere bravi a scuola, dimostrare una evidente facilità nell'apprendimento di determinate materie, magari dilettarsi con la letteratura o più in generale con l'arte, possono dunque apparire i principali fattori in grado di spiegare l'"intelligenza" di una persona. Le cose però non sono così semplici, perché è ormai dimostrato scientificamente che un individuo può avere un notevole quoziente intellettivo o vantare più di una laurea, tuttavia se non sarà portato a gestire razionalmente le emozioni o a non avere piena consapevolezza di esse, non sapendo pertanto mostrarsi empatico con i propri interlocutori, costui non dovrà essere ritenuto intelligente dal punto di vista *emotivo*.

La cosiddetta intelligenza emotiva è formata da due poli costitutivi, che non possono mai essere disgiunti:

- l'**intelligenza intrapersonale**, che riguarda la conoscenza e la capacità di gestire le proprie emozioni, di perseguire i propri obiettivi e di far valere le proprie convinzioni.
- l'**intelligenza interpersonale**, vale a dire l'abilità nell'individuare correttamente i sentimenti, i modi di pensare e le motivazioni dei nostri simili.

Va da sé allora che essere intelligenti dal punto di vista emotivo è non solo importante per l'amministratore di condominio – per ragioni fin troppo ovvie, sulle quali infatti abbiamo già ragionato – ma addirittura fondamentale e per certi versi imprescindibile. Balza agli occhi del resto che conoscere quei meccanismi in virtù dei quali è possibile adattarsi a un determinato ambiente, o fare in modo che la nostra personalità si affermi positivamente anche nel più difficile dei contesti o magari sapersi motivare a tal punto da impedire alla mente di cadere preda dell'ansia, vanno considerati tutti elementi decisivi per il profilo d'un moderno amministratore di condominio.

Egli non a caso è sia un leader sia un mediatore, cioè qualcuno che al proprio arco deve avere determinate frecce, una delle quali è senz'altro l'intelligenza emotiva, che non a caso è stata definita da autorevoli studiosi «la capacità di controllare le emozioni ed i sentimenti propri e altrui e di utilizzare le informazioni per guidare le proprie azioni ed i propri pensieri». Essa infatti concerne qualsiasi aspetto della sfera emotiva: dalla capacità di percepire le emozioni all'abilità nel manifestarle e regolarle, fino alla piena gestione e perfino all'attivazione dei sentimenti. Chi è intelligente a livello emotivo è dunque in grado di capire, coordinare e governare i sentimenti e gli stati d'animo, i propri come quelli degli altri; e tutto ciò affinché questo autentico sapere sia utilizzato per ottenere un pieno controllo sulle azioni e sui pensieri.

Proviamo allora a entrare ancor più nel merito, fornendo le prime nozioni a tale riguardo, quasi un elementare abc dell'intelligenza emotiva grazie al quale saremo in grado di riconoscerne alcuni aspetti essenziali, che non potranno non essere utili nella professione di amministratore di condominio. Cominciamo col ricordare che l'intelligenza emotiva è formata da elementi ben precisi, ovvero quelle che possiamo considerare le cinque fondamentali tessere di un unico mosaico:

- Innanzi tutto l'**autoconsapevolezza**. Si tratta di una qualità molto importante, in ragione della quale possiamo identificare e classificare le emozioni che si generano di volta in volta. L'autoconsapevolezza può anche essere ritenuta il complesso delle intuizioni e in egual misura degli stati d'animo di una persona. Proprio perché le emozioni si manifestano a livello sia mentale sia corporeo, essere *consapevoli* di una determinata condizione emotiva risulta essenziale per poterla governare nel migliore dei modi. Allo stesso tempo grazie all'autoconsapevolezza sarà possibile snidare e distinguere le emozioni negative, e questo già è un passo importante sulla strada del loro sostanziale superamento da parte di un individuo. Essere "autoconsapevoli", in ultima analisi, significa saper ragionare sulle emozioni, insomma qualcosa che può costituire un indispensabile aiuto per comprendere a 360 gradi la personalità e la psiche, sia le nostre che quelle degli altri.

- Vi è poi il **controllo emotivo**, cioè la capacità che ognuno di noi ha nel controllare le emozioni, le pulsioni e in pratica la propria condizione mentale complessiva. Nel momento in cui saremo riusciti a nominare correttamente le nostre emozioni avremo acquisito una vera consapevolezza in tal senso, quindi lo *step* successivo sarà la necessità di gestire queste stesse emozioni. Il cosiddetto controllo emotivo si attiva prevalentemente in due direzioni strategiche: convogliare le emozioni e indirizzarle in modo costruttivo; oppure – se le emozioni sono negative o difficilmente gestibili

– evitare quei contesti e quei soggetti in grado di produrle.

- La cosiddetta **automotivazione** invece vuol dire essere capaci di motivare sé stessi, specie in determinate situazioni, ad esempio rifiutando un successo momentaneo al fine di conseguirne uno maggiore in futuro. L'automotivazione è quindi forza di volontà allo stato puro, ma soprattutto è un'abilità alla quale possiamo essere addestrati. È noto del resto che gli individui possono essere suddivisi in categorie, ad esempio ottimisti e pessimisti: i primi dinanzi al variegato fenomeno del "fallimento" sanno reagire, essenzialmente perché vi identificano quegli elementi negativi che pure sono modificabili e migliorabili; i secondi invece lo interiorizzano e in certa misura lo assimilano, quindi lo attribuiscono a sé stessi e a fattori immodificabili. Appare evidente che la differenza tra i due tipi umani sta nella mentalità, e a ben vedere proprio nel grado maggiore o minore di autoconsapevolezza, in ragione del quale nell'ottimista essa sarà sempre caratterizzata dal segno +, mentre il pessimista non potrà non essere un soggetto statico, inerte, indeciso e problematico, ovvero scarsamente autoconsapevole.

- Un elemento essenziale dell'intelligenza emotiva è l'**empatia**, da intendersi come identificazione delle emozioni altrui ma non come capacità – perlopiù sterile – di immedesimarsi nella sofferenza dei nostri simili. Questo fattore dell'intelligenza emotiva è davvero rilevante, perché in pratica si configura come punto di congiunzione fra la coscienza che abbiamo di noi stessi e quella che gli altri hanno di sé. In buona sostanza grazie all'empatia possiamo aumentare la consapevolezza, la nostra e quella altrui. Nell'attività di amministratore questa qualità è fondamentale, perché grazie ad essa si comprendono le differenze principali fra le varie sfere emotive: la sua e quelle dei singoli condomini. Chi è empatico infatti sa valutare le situazioni e i soggetti coinvolti da una prospettiva diversa dalla propria, quindi saprà a maggior ragione "amministrare" quei contesti e quelle persone. In virtù dell'empatia riusciremo a capire profondamente i gesti, le parole e in pratica l'intera comunicazione messa in campo dai nostri interlocutori; ma non solo, poiché saremo in grado di fare qualcosa d'ulteriore e d'indispensabile, ovvero immaginare una situazione da un punto di vista che non è solo il nostro.

- L'ultima tessera che viene a comporre il mosaico dell'intelligenza emotiva è costituita dalle cosiddette **abilità sociali**. Si tratta di qualità basilari al giorno d'oggi e che un amministratore di condominio non può non possedere, vale a dire la capacità di mediare, di evitare i contrasti, ma anche di comunicare efficacemente ed esercitare in maniera autorevole la propria *leadership*. Infatti nell'attimo in cui si è consapevoli delle proprie emozioni e di quelle degli altri, il passo successivo è individuare le modalità concrete grazie alle quali si può interagire con la sfera emotiva dei nostri simili. Queste sono appunto "abilità sociali" e d'altronde essere in sintonia coi sentimenti e con lo stato d'animo degli altri è molto importante al fine di concepire rapporti realmente "umani". In caso contrario – ovvero in assenza di queste specifiche abilità – le nostre azioni e i nostri comportamenti produrranno emozioni negative e le altre persone saranno portate a respingerci, comunque a non fidarsi di noi e dei nostri argomenti.

E se l'intelligenza emotiva fosse scarsa o assente? Come accorgersene, come "misurarla", come potenziarla

Se nel paragrafo precedente abbiamo preso in esame le caratteristiche principali e più qualificanti dell'intelligenza emotiva, in questo invece approfondiremo alcuni aspetti non meno importanti, *in primis* l'eventualità che essa sia scarsa o addirittura assente; infine alcuni accorgimenti in ragione dei quali è possibile valutare il grado – maggiore o minore – d'intelligenza emotiva presente in un soggetto, nonché accrescerlo.

Diciamo subito che esserne tendenzialmente privi o comunque mostrarsi carenti in tal senso va considerato un grave problema, tanto più per un amministratore di condominio, per il quale le relazioni umane e sociali sono fondamentali. In questo campo d'altronde non è possibile fare a meno dell'intelligenza emotiva, dunque un deficit in quest'ambito renderà l'amministratore un soggetto strutturalmente debole, insicuro ma soprattutto incapace di mediare e di essere rispettato all'interno della comunità condominiale.

Proviamo allora a elencare alcune manifestazioni inequivocabili e sintomatiche, in ragione delle quali si può affermare che la propria intelligenza emotiva è scarsa o addirittura assente:

- Innanzi tutto **ci capita spesso di non comprendere come si sentono gli altri**. Le emozioni altrui ci sono sostanzialmente sconosciute, un universo ignoto e misterioso nel quale pertanto non ci avventuriamo mai o quasi mai. Nondimeno ci sentiamo paradossalmente incompresi e crediamo che siano gli altri a non impegnarsi abbastanza per venirci incontro. Un soggetto che ha queste caratteristiche affronterà male quasi ogni genere di contesto e d'interlocutori, dunque sarà portato facilmente al nervosismo o magari all'autocommiserazione. Il dissidio, in questi casi, è sempre dietro l'angolo ed è facile capire come un amministratore di condominio non possa davvero permettersi questo "lusso". Essere irritabili o poco autorevoli è la spia che indica un basso grado d'intelligenza emotiva, appunto perché un soggetto di questo tipo non riesce ad esprimere in modo corretto e proficuo le proprie emozioni, le quali pertanto finiscono per implodere o per esplodere.

- Dobbiamo inoltre fermarci a riflettere attentamente sui nostri deficit comportamentali nell'attimo in cui **<u>siamo portati a credere che gli altri siano troppo sensibili</u>**, per cui dinanzi a qualsiasi atteggiamento dei nostri simili – ad esempio sofferenza, ira, delusione – pensiamo che sia dovuto a un eccesso di sensibilità altrui. Per questo motivo il grado d'intelligenza emotiva di chi ragiona così sarà minimo o nullo, mentre questo medesimo soggetto difficilmente troverà il modo più consono di gestire le situazioni e di frequentare in maniera stabile delle persone, appunto perché egli non capisce ciò che esse realmente "sentono". Chi è strutturato in tal senso manca in pratica di empatia e si tratterà perlopiù di individui che non accettano opinioni o punti di vista che non sono i propri. Un amministratore con queste caratteristiche svolgerà male il suo compito, anche perché verrà percepito dai condomini come una persona sfiduciata, ma anche distaccata e insensibile.

- Quando **non sappiamo governare le emozioni forti** il nostro livello d'intelligenza emotiva va considerato basso o inesistente. Ecco perché chi ha questo deficit tende spesso a celare le proprie emozioni o a rifuggire quelle persone con cui si correrebbe il rischio di manifestare i propri sentimenti. Anche in tal caso un amministratore con simili caratteristiche dovrà porre rimedio a questa grave carenza, perché essa è in grado di pregiudicare o comunque di compromettere i rapporti all'interno del condominio.

- Se infine **le nostre relazioni – di qualsiasi natura esse siano – hanno la tendenza a sgretolarsi** come un castello di sabbia, anche in questa circostanza saremo fondamentalmente carenti sul piano dell'intelligenza emotiva. Ogni genere di "rapporto" fra esseri umani ha bisogno di tempo, di pazienza, nonché d'una grande e ulteriore dote: porsi in ascolto dell'"altro" in maniera non passiva, quindi sapendo mettersi metaforicamente nei suoi "panni". In questo modo una "relazione" fra due o più individui può definirsi tale, tuttavia se le nostre abilità sociali saranno scarse ciò avverrà con difficoltà. Un amministratore di condominio con questo deficit a lungo andare vedrà il proprio lavoro sistematicamente vanificato o, appunto, potrà solo contemplarlo mentre esso si sgretola, al pari di quelle strategie comportamentali e relazionali che del resto egli non è capace di attuare.

Adesso invece verifichiamo come è possibile misurare il grado di intelligenza emotiva in un individuo, comprendendo così anche quali aspetti di essa sono in nostro possesso e quali al contrario necessitano d'un maggiore impegno da parte nostra:

- **L'importanza di conoscere i nostri punti di forza e quelli deboli** è un aspetto che non va mai dimenticato, anche perché la consapevolezza è un autentico pilastro dell'intelligenza emotiva. Sapere insomma chi siamo, dove vogliamo andare e per quali ragioni, vuol dire essere in grado di riflettere su sé stessi ma anche di conoscere sia le proprie passioni sia le proprie carenze. Chi ha svolto questa fondamentale operazione è stato capace inoltre di "misurare" letteralmente il proprio livello di intelligenza emotiva. Costui sarà quindi una persona che si accetta e soprattutto che è portata ad accettare il prossimo, anche le sue lacune; e per un amministratore di condominio ciò è rilevante, in particolare quando deve rapportarsi a soggetti problematici e a situazioni estremamente ingarbugliate.

- **Essere consci della propria indole, ovvero il cosiddetto Io interiore**, è in egual misura importante. Dialogare con noi stessi, così da conoscere per filo e per segno i nostri obiettivi, le cause della nostra felicità o al contrario quel che ci fa arrabbiare, può infatti essere considerato un modo concreto di testare l'intelligenza emotiva. In questa maniera ne avremo sempre un quadro esatto, una sorta di radiografia che potremo aggiornare continuamente, ma soprattutto sapremo come e quando regolare la nostra emotività, specie gli impulsi potenzialmente irrefrenabili o le reazioni – verbali e non – incontrollate. Ciò è fondamentale in un contesto complesso e ansiogeno come il condominio, quindi l'amministratore dovrà tenere nel dovuto conto questo costante monitoraggio della propria personalità.

- **Mostrarsi capaci di gestire lo stress**, invece, è sia un indicatore dell'intelligenza emotiva sia un'abilità basilare per un amministratore di condominio. In virtù di essa egli infatti non sarà timoroso, incerto o magari riluttante dinanzi a un provvedimento decisivo. Essere in grado di gestire lo stress è dunque essenziale nella nostra professione, anche perché in questa maniera sapremo affrontare ogni situazione e riusciremo a governare con mano ferma la sfaccettata realtà condominiale.

- È ugualmente importante **avere la capacità di pensare sia in grande sia in piccolo**. Così sarà possibile comprendere soprattutto il livello di adattabilità dell'intelligenza emotiva d'un individuo, ovvero la sua duttilità complessiva. Se infatti i progetti sul breve periodo possono stimolare maggiormente un amministratore di condominio, è comunque sul lungo periodo – cioè nelle difficoltà fisiologiche e magari fra dissidi e problemi più o meno grandi – che egli dovrà dimostrare di avere i piedi per terra, cioè agendo sempre in maniera assennata, razionale, anche nelle circostanze peggiori.

- Non solo dirsi ma innanzi tutto **essere motivati e ambiziosi** costituisce un passaggio essenziale per comprendere se abbiamo davvero la possibilità di rendere "operativa" la nostra intelligenza emotiva, spendendola cioè concretamente in contesti e in situazioni reali, tangibili. È infatti in queste situazioni – e dovendosi relazionare nell'ambito d'una comunità non sempre facile come il condominio

– che opera l'amministratore, il quale dovrà perciò mettere costantemente alla prova la propria ambizione e la capacità di motivare sé stesso.

- **Saper ascoltare attivamente le persone** è un altro indicatore dell'intelligenza emotiva e al contempo una qualità di grande importanza per un amministratore di condominio. Egli infatti non deve accettare passivamente le opinioni e le sollecitazioni dei condomini, quanto piuttosto mostrarsi capace di analizzarle e approfondirle, ponendo quesiti e intuendo quale è il punto di vista di questi individui.

- È fondamentale, infine, **non essere indifferenti nei confronti degli altri**. In questa maniera un amministratore saprà sempre quanto è empatico, riuscendo inoltre a svolgere nel migliore dei modi il proprio compito. Come abbiamo appurato, infatti, il ruolo dell'amministratore è anche quello di mediare, di fornire pareri, nonché d'"intervenire", provando cioè a risolvere problemi concreti, che riguardano la qualità della vita all'interno del condominio.

Ora che abbiamo elencato le modalità grazie alle quali "misurare" l'intelligenza emotiva, a conclusione del paragrafo vediamo come è possibile potenziarla. A differenza del quoziente intellettivo, che è sostanzialmente immodificabile e quindi non può essere né migliorato né peggiorato, l'intelligenza emotiva è infatti una "materia" ben diversa: plasmabile e modellabile, essa va allenata costantemente al fine di migliorarla. Proviamo allora a vedere in quale maniera e attraverso quali comportamenti.

- **Porsi in ascolto delle proprie emozioni** – ad esempio domandando a sé stessi come ci si sente realmente – è il primo passo per allenare l'intelligenza emotiva, facendo in modo che essa diventi sempre più tenace, energica, in certa misura "solida". Così, quando un amministratore di condominio si troverà al cospetto di una situazione o di persone capaci di scatenare emozioni negative, non sarà timoroso ma anzi le affronterà senza paura. In questo modo egli non metterà la testa sotto la sabbia a proposito di tutto ciò che lo mette a disagio, ma al contrario sarà portato a prendere sempre il toro per le corna.
- **Non giudicare le proprie emozioni** è ugualmente fondamentale, e se è basilare dare un nome alle emozioni, giudicarle è invece qualcosa di molto diverso e che non va fatto. Può infatti essere semplice esprimere un giudizio prima di aver conosciuto profondamente un nostro sentimento o appunto una emozione;

tuttavia percorrere questa sorta di scorciatoia è sbagliato, perché così non avremo un quadro esatto della nostra intelligenza emotiva né potremo mai migliorarla. Se invece sarà capace di "ascoltare" le emozioni, l'amministratore di condominio non le giudicherà ed eviterà spiacevoli sorprese dalla propria psiche, tanto più che egli opera in un contesto stressante, rispetto al quale è necessario avere il pieno controllo di sé e dei propri stati d'animo.

- **<u>Saper connettere le ragioni degli stati d'animo ai comportamenti</u>**, spiegando così a sé stessi anche le emozioni e i momenti più difficili, ma soprattutto avendo la capacità di legare le une agli altri. In questa maniera l'amministratore sarà sempre in grado di verificare i propri atteggiamenti, le proprie iniziative, sulle quali sarà quindi portato a riflettere in modo non banale o superficiale, ma anzi traendone fondamentali insegnamenti.

- **<u>Avere la capacità di collegare i pensieri alle emozioni</u>** è un altro *step* essenziale per allenare l'intelligenza emotiva, anche perché la sorgente da cui scaturiscono le emozioni è proprio nella nostra testa. È da lì che hanno origine i pensieri, in particolare quelli che per una figura professionale come l'amministratore di condominio possono trasformarsi facilmente in ansie e paure. Egli quindi dovrà sempre mostrarsi in grado d'interpretare razionalmente la connessione esistente fra pensieri ed emozioni, anche quando essa appare di difficile lettura.

- **Porsi in ascolto del proprio corpo** è un altro passaggio di grande importanza, grazie al quale è possibile potenziare l'intelligenza emotiva di un individuo. La sfera emozionale infatti è profondamente legata a quella fisica e corporea, quasi due vasi comunicanti, dunque un amministratore non può trattare con sufficienza il proprio fisico, a maggior ragione quando esso lancia segnali allarmanti. Questi ultimi possono rivelarsi come l'inizio d'una patologia o comunque d'un malessere da non sottovalutare e vanno quindi monitorati, ma d'altronde tali disturbi non devono essere considerati rari in un contesto stressante come quello condominiale.

- **Essere in grado di chiedere consigli e pareri** può sembrare a prima vista un'indicazione banale, generica, ma in realtà si tratta di un esercizio importante con cui migliorare l'intelligenza emotiva. Ciò è tanto più rilevante per un amministratore, il quale deve avere sempre il quadro esatto di ciò che accade all'interno del condominio, oltre ad avvalersi in questo modo d'un *feedback* effettivo del proprio operato ma anche di opinioni imprescindibili come quelle dei condomini. Mostrarsi orgogliosi, chiusi rispetto al prossimo o diffidenti è dunque sbagliato e un amministratore "umile" sarà infatti sinonimo di "competente".

- **Porsi in ascolto del proprio inconscio** è ugualmente utilissimo, perché prendere nota – nei modi che riterremo più opportuni e più in linea con la nostra dimestichezza tecnologica e telematica – dei sogni, delle fantasie o dei pensieri più riposti significa conoscere da quali "luoghi" dell'anima prendono realmente forma le emozioni. Anche queste competenze – specificamente psicologiche – devono far parte del bagaglio professionale del moderno amministratore di condominio, che così avrà uno strumento in più per potenziare la sua intelligenza emotiva.

- **Mostrarsi capaci di misurare il proprio grado di benessere**, ad esempio in una scala che va da 1 a 100, significa essere consapevoli del fatto che l'intelligenza emotiva è un flusso e infatti non va ostruito o impedito in alcun modo, lasciando anzi che sgorghi liberamente, crescendo d'intensità e producendo benefici concreti alla nostra persona.

- Cerchiamo infine di **essere attenti a quel che accade all'esterno del nostro Io**, ovvero non chiudiamoci mai in una torre d'avorio e non alziamo neppure steccati d'alcun genere per separarci dagli altri. Così l'amministratore di condominio potenzierà la propria intelligenza emotiva, ma allo stesso tempo riuscirà ad essere sempre presente nel cuore della "sua" comunità, che egli del resto deve governare nel migliore dei modi.

Altre frecce nell'arco dell'amministratore di condominio 2.0: autoconsapevolezza e mindfulness

Essere intelligenti a livello emotivo significa innanzi tutto possedere una qualità basilare: l'autoconsapevolezza, vale a dire essere consci della propria indole, della propria personalità, dunque dei principali obiettivi da conseguire, nonché delle idee e delle convinzioni che ci muovono. Chi è "autoconsapevole" pertanto agisce sempre a ragion veduta ma anche in maniera rapida, agile, pragmatica, appunto perché sa chi è e quel che vuole. Un individuo con queste caratteristiche ha in ultima analisi una marcia in più, perché grazie all'autoconsapevolezza egli vede e prevede, ma soprattutto ha un rapporto corretto con la sfera emotiva – la sua e quella degli altri – quindi sa come e quando agire.

Va da sé allora che un amministratore di condominio estremamente "autoconsapevole" sarà un soggetto in grado di vantare un approccio solido e razionale ai contesti, alle situazioni e alle persone più diverse, svolgendo così al meglio il proprio compito. Del resto essere "autoconsapevoli" non significa semplicemente essere "sensibili", quanto piuttosto "coscienti": di sé stessi, delle proprie emozioni così come dei pensieri, dei traguardi da raggiungere ma non in misura minore dei propri limiti.

L'autoconsapevolezza implica pertanto la coscienza profonda e al contempo la conoscenza effettiva della propria personalità, dunque del modo in cui si agisce e si reagisce: alla gioia, al dolore, ai successi o alle difficoltà. Un amministratore realmente autoconsapevole sarà allora più in generale una figura capace d'interagire in maniera proficua nel contesto condominiale, e farà ciò proprio perché saprà valutare gli stati d'animo dei condomini al pari dei suoi, quindi si comporterà sempre correttamente, senza eccessi o sbavature.

In alcuni casi questa fondamentale qualità – che è alla base dell'intelligenza emotiva – è particolarmente sviluppata, addirittura innata, mentre in altri casi andrà coltivata con scrupolo e spirito d'abnegazione. Autorevoli studiosi, d'altronde, in relazione al livello maggiore o minore di autoconsapevolezza hanno classificato gli individui in base a una gamma ben precisa, che ovviamente ha un nesso esplicito con la capacità di percepire le emozioni:

- **Gli autoconsapevoli**, ovvero quei soggetti che sono consci degli stati d'animo nell'attimo in cui questi si manifestano.
- **I "sopraffatti"**, vale a dire le persone che rimangono prigioniere della propria sfera emotiva, la quale finisce così per gravare sulla loro personalità, comprimendola.
- **I rassegnati**, cioè individui caratterizzati dall'accettazione supina e passiva di ogni aspetto dell'esistenza, senza alcuna volontà di cambiare lo *status quo* e soprattutto di migliorare la propria condizione.

Dopo averla spiegata, fornendo anche una sua prima classificazione, proviamo adesso a capire a cosa serve l'autoconsapevolezza, in particolare nell'ambito del microcosmo costituito dal condominio e in relazione alla figura dell'amministratore. Innanzi tutto essa è utile a osservare la realtà dalla giusta distanza e prospettiva, così da cogliere, dei fenomeni, il loro impatto effettivo: sulle persone, sui contesti, nelle situazioni più disparate. Un amministratore che opererà in tal senso – cioè sulla base dell'autoconsapevolezza – sarà davvero proattivo e la sua qualità più grande sarà quella di mostrarsi tollerante, verso sé stesso ma in particolare verso i comportamenti dei condomini, di qualunque natura essi siano.

L'amministratore autoconsapevole infatti sa

benissimo che a qualsiasi azione corrisponde una reazione ben precisa: ad esempio quella che, d'istinto, si ha nell'attimo in cui veniamo biasimati, criticati o magari derisi. Egli pertanto potrà imboccare alcune strade, ognuna diversa dall'altra: subire passivamente, oppure fuggire, o ancora mostrarsi indifferente e distaccato; se profondamente autoconsapevole, però, saprà gestire in maniera ottimale la propria reazione emotiva. Del resto quando entriamo nel merito della difficile realtà condominiale capiamo quanto sia basilare per l'amministratore allenare e migliorare sempre più la propria autoconsapevolezza.

Pensiamo ad esempio alla rabbia, una delle emozioni più semplici da descrivere ma anche fra le più diffuse in ambito condominiale, rispetto alla quale pertanto l'amministratore deve poter reagire. Se autoconsapevole, egli saprà sempre quali situazioni, ragioni e soggetti la determinano, nonché quali comportamenti o semplici frasi possono innescarla. In questa maniera egli riuscirà a gestire le proprie reazioni, impedendo che debordino, anche nei casi più spinosi; ed è così che un amministratore autoconsapevole potrà dire di possedere una qualità ulteriore: l'autocontrollo.

Praticare l'autoconsapevolezza significa individuare le emozioni negative, ma soprattutto l'origine di esse: ad esempio una parola fuori posto o magari un gesto, una risata, una semplice occhiata. In una comunità a rischio di stress come quella condominiale basta davvero poco per scatenare emozioni nocive e sentimenti non positivi, dunque un amministratore autoconsapevole non si farà mai coinvolgere eccessivamente da queste dinamiche, né dovrà parteggiare per gli uni o per gli altri; al contrario saprà essere distante al punto giusto – né troppo, né troppo poco – da queste situazioni, che pertanto governerà nel migliore dei modi, non venendone travolto o danneggiato.

Un amministratore autoconsapevole è allo stesso tempo una persona che è capace di non prendersi troppo sul serio, quindi autoironica. Se le parole o i comportamenti dei condomini – magari durante un'assemblea – urtano sistematicamente la sensibilità dell'amministratore, questi dovrà accrescere il proprio livello di autoconsapevolezza e in egual misura di autoironia. Infatti quando possiamo accettarci per quel che siamo, riusciamo a fare in modo che le situazioni più difficili non ci turbino oltremisura, magari stressandoci.

A volte sarà sufficiente che l'amministratore sappia rispondere all'ansia e ai timori con un sorriso, per poi interrogare pacatamente i condomini sul proprio operato e invitandoli a non criticare per partito preso ma sempre con obiettività. Uno degli errori più diffusi – sia fra i condomini, sia fra gli amministratori – è proprio quello di lasciarsi sconvolgere e travolgere dalle emozioni negative. Chiedere un *feedback* in tal caso può voler dire che si possiede quel giusto grado d'umiltà, grazie al quale potremo far tesoro delle critiche costruttive.

In virtù dell'autoconsapevolezza l'amministratore può valutare esattamente in quale maniera le emozioni condizionano i comportamenti dei condomini, mentre grazie all'autoregolazione emotiva egli potrà gestire gli stati d'animo, evitando ogni impulsività. Un individuo autoconsapevole riesce infatti a regolare i propri pensieri, nonché le emozioni che tanta parte hanno nel determinare le azioni. Al fine d'incrementare l'autoconsapevolezza è consigliabile la *mindfulness*, vale a dire una pratica di meditazione basata sulla concentrazione, che viene affinata a tal punto da convogliare tutte le energie mentali di un individuo verso un obiettivo, nell'assenza più totale di fattori disturbanti.

Attraverso la *mindfulness* – che è una forma di meditazione molto utile, rispetto alla quale l'amministratore di condominio deve essere fiducioso e nient'affatto scettico – potremo allenare la mente, facendo sì che essa non perda mai di vista l'*hic et nunc*. In questa maniera sarà possibile gettare uno sguardo più penetrante sia sulla nostra personalità, sia sugli ambienti e sulle persone che incontreremo nel corso della nostra esistenza, ma soprattutto potremo comprendere la realtà per quel che è, accettandone più serenamente i limiti, le difficoltà, i colpi bassi, vivendo quindi sempre nel presente.

Va da sé che per un amministratore di condominio è molto importante un approccio del genere, capace di non fissarlo in maniera statica sul passato né di fargli sviluppare uno stato d'ansia rispetto al futuro. Grazie alla *mindfulness* l'amministratore riuscirà a tradurre più rapidamente i pensieri in iniziative proficue, a beneficio della comunità condominiale, accentuando così il proprio ruolo di *problem solver*.

Se infatti rimarremo ancorati al presente riusciremo a esprimere tutte le nostre potenzialità, e faremo ciò essenzialmente perché potremo agire davvero nella e sulla realtà. In questo modo l'amministratore di condominio eliminerà stress, paure e sofferenze psicofisiche, cioè un insieme di problemi che – come abbiamo visto – si riversano negativamente sulla sua persona e sul suo lavoro. Pertanto con l'aiuto della *mindfulness* e mostrandosi autoconsapevole egli migliorerà sensibilmente il rapporto con sé stesso e con la realtà condominiale, che saprà finalmente accettare e interpretare per quel che è, senza catastrofismi o inutili ottimismi.

Con la *mindfulness* d'altronde attuiamo una pratica di meditazione che facilita uno stato mentale caratterizzato dalla predisposizione alla felicità e all'appagamento. In questo modo non ci chiudiamo affatto in noi stessi, ma al contrario sviluppiamo un'attitudine profondamente dinamica, rispetto alla quale occorre essere pazienti, volenterosi, disciplinati. Il punto nodale della *mindfulness* sta nella capacità di concentrarsi in maniera intensa e "pura" sul presente, sfruttando alcuni elementi ben precisi: il corpo innanzi tutto, in particolare il respiro; poi i sensi, che grazie a questa pratica affiniamo; quindi le cosiddette costruzioni mentali, che proprio ai sensi sono strettamente legate; infine quelli che potremmo definire gli "oggetti della mente", vale a dire ciò che è tangibile o immateriale e che determina le costruzioni mentali dopo essere stato percepito dai sensi.

La *mindfulness* – che si compone degli elementi appena descritti – induce nel soggetto che la pratica una condizione di serenità interiore, che gli consente di affrontare con più forza la realtà, eliminando così tutti quelli che possono rivelarsi fattori esterni ad essa, in grado perciò di essere superflui o disturbanti. Per meditare – si badi bene – non occorre necessariamente una postura particolare, infatti possiamo "accedere" alla *mindfulness* in qualsiasi ambiente e in qualsiasi momento, perché la sua essenza è costituita dall'attenzione marcata al presente. L'amministratore può dunque approcciarsi alla *mindfulness* giorno per giorno, anche mentre sta svolgendo la propria attività e del resto ogni istante è utile al fine di sconfiggere l'ansia e soprattutto lo "stress da condominio".

Accostarsi alla *mindfulness* peraltro non è complicato e basta inizialmente concentrarsi sul proprio respiro, qualcosa dunque che fa parte di noi e che possiamo controllare. Agendo sul respiro attraverso una serie di tecniche ben precise, riusciremo progressivamente a eliminare i pensieri inutili e gli stati d'animo negativi, concentrandoci così sugli elementi essenziali della meditazione.

Nei primi tempi dobbiamo essere molto attenti al complesso di pratiche che costituiscono la *mindfulness*, infatti mostrarsi costanti e tenaci è l'atteggiamento migliore da adottare. In qualunque segmento della giornata è possibile sedersi e cominciare a respirare, e facendolo in un determinato modo – con regolarità, senza alterarne il ritmo, nonché liberando la mente da tutti i pensieri superflui – potremo attuare una meditazione ottimale, che poco alla volta ci riconcilierà con noi stessi e con la realtà che ci circonda.

Per una gestione ordinata e razionale della realtà condominiale: controllo emotivo, automotivazione, empatia

Adesso che abbiamo appreso alcune nozioni basilari a proposito dell'autoconsapevolezza e soprattutto per quanto concerne le emozioni, in questo paragrafo proveremo a comprendere in quale maniera è possibile regolarle. Saperle gestire infatti va considerato un passaggio fondamentale sulla strada della salute mentale, del vigore psicofisico e in un certo senso della saggezza di una persona. Chi controlla le proprie emozioni sa badare all'essenziale per quanto riguarda le idee e i sentimenti, rispetto ai quali è profondamente equilibrato, mai smodato, dunque sa come impiegare il proprio tempo senza disperdere le energie.

Per un amministratore di condominio è di grande importanza strutturare la propria attività in tal senso, potendo dunque usufruire a pieno titolo delle conoscenze e delle pratiche relative al cosiddetto controllo emotivo, in particolare per quanto riguarda la durata delle emozioni, rispetto alla quale è fondamentale poter intervenire al momento opportuno.

Prendiamo ad esempio il risentimento o la sfiducia, emozioni negative eppure molto presenti nell'ambito della comunità condominiale. Ebbene, l'amministratore che vanta un pieno controllo emotivo saprà come e quando allontanarsi dal confronto – inutile e anzi dannoso – con quei condomini più collerici o magari maldisposti, quindi lascerà depotenziare quegli stati d'animo nocivi; se necessario, inoltre, egli praticherà la *mindfulness*, sviluppando così al massimo la propria autoconsapevolezza.

D'altronde "controllo emotivo" significa proprio disciplinare e normalizzare gli impulsi; pertanto un amministratore deficitario in tal senso non sarà in grado di capire quando è opportuno relazionarsi ai condomini e quando non lo è, mentre egli avrà grosse difficoltà anche a proposito delle modalità comunicative, rispetto alle quali sarà magari goffo, indeciso, sconveniente. L'amministratore che vanta un pieno controllo emotivo, invece, sa "filtrare" perfettamente le proprie parole e conosce anche il modo in cui mettere la "sordina" a quelle situazioni che rischiano di degenerare: insomma sa come comportarsi, e quando si relaziona ai condomini sa farlo in modo deciso, razionale, senza alcun timore o ambiguità.

Chi è impulsivo si comporta per definizione in maniera istintiva, dunque va considerato l'esatto contrario d'un individuo che dimostra di saper riflettere prima d'agire o di comunicare. La riflessione infatti è una pietra miliare del controllo emotivo e l'amministratore di condominio la deve considerare una qualità basilare, da acquisire senza se e senza ma, nonché una caratteristica della propria attività quotidiana, grazie alla quale egli potrà ordinare e regolare le emozioni. Se "riflessivo", l'amministratore sarà pienamente consapevole dei propri stati d'animo, quindi saprà sempre come affrontarli e gestirli, non facendosi condizionare da essi. Egli, pertanto, nel contesto condominiale agirà sempre "di testa", mai "di pancia".

Ovviamente questa qualità non deve essere utilizzata in maniera eccessiva e del resto pensare troppo può voler dire incapacità d'agire o l'attitudine a temporeggiare, qualcosa che nello specifico condominiale francamente non è praticabile e può addirittura risultare dannoso. Attenzione dunque a non riflettere oltremisura, diventando così soggetti eccessivamente controllati e prudenti. Guai, in egual modo, a credere di essere riflessivi – quindi a dare per scontata l'acquisizione di questa abilità – a dispetto però di comportamenti e atteggiamenti che non lo sono, e che i condomini infatti deplorano.

Saper riflettere, in ultima analisi, va ritenuta davvero un'arte o comunque una dote particolare, anche perché un amministratore "riflessivo" è tutt'altro che inerte, infatti è perfettamente in grado di esprimere un parere coraggioso o d'intervenire in maniera tempestiva, dal momento che egli non ignora che le emozioni sono energia allo stato puro; e del resto è "saggio" colui che sa convogliare tale energia – appunto controllandola – non lasciandosi danneggiare o impedire da questa straordinaria forza. L'amministratore di condominio che pratica il controllo emotivo può dunque essere "decisionista" al punto giusto, senza strafare ma soprattutto mostrandosi sempre integro, leale, assennato. Per gestire in modo ottimale le emozioni abbiamo già accennato all'importanza della *mindfulness*, una forma di meditazione che ci tiene avvinti alla realtà e concentrati sul presente. Chi "medita" peraltro ha la capacità di contemplare i propri pensieri, accettandoli e non facendosi coinvolgere troppo da essi. Poiché le emozioni sono strettamente legate alle idee, grazie alla *mindfulness* aumentiamo in maniera esponenziale la conoscenza e la consapevolezza di questi processi, facilitando così il controllo emotivo ma soprattutto riducendo i fattori di rischio a proposito di quello che abbiamo definito "stress da condominio".

D'altronde le emozioni sono un bene prezioso ma anche una qualità profondamente "umana", che ci distingue dai computer, dagli automi e oggi dall'intelligenza artificiale. In virtù della sfera emotiva siamo infatti in grado d'innamorarci, di sognare, e tuttavia se non gestite in modo ottimale le emozioni possono tradursi in stati d'animo negativi. Teniamolo bene a mente, allora: l'individuo che non sa regolare le emozioni finisce per essere dominato da esse, e questo scenario va assolutamente evitato, a maggior ragione nel caso d'una figura professionale come l'amministratore di condominio, che opera in un contesto molto delicato a livello "emotivo".

Un altro aspetto caratteristico della persona che possiede un grado invidiabile d'intelligenza emotiva è il desiderio di conseguire gli obiettivi prefissati. Possiamo considerare questo desiderio anche la "motivazione" che muove un individuo in tal senso, e se egli non avrà bisogno di fattori esterni per facilitare l'acquisizione di tale abilità, potremo dire che costui possiede una buona dose di autoconsapevolezza. Va da sé che un amministratore di condominio capace di motivare sé stesso giorno per giorno, anche in momenti e in situazioni estremamente difficili o magari scoraggianti, avrà una marcia in più. Infatti egli sarà davvero impermeabile alle avversità ma soprattutto non rischierà di cadere preda di sindromi depressive, né verrà devastato dall'ansia o dalla paura: reagirà invece, appunto perché riuscirà ogni volta a trovare dentro di sé la forza d'animo e il coraggio necessari ad andare avanti.

Ovviamente per fare in modo che questa potente energia interiore – ovvero la capacità di motivare sé stessi in qualsiasi occasione – non venga mai meno è necessario elaborare una sorta di strategia, cioè individuare di volta in volta obiettivi chiari, allettanti e che possano essere conseguiti. In egual misura saranno fondamentali doti ben precise e che per un amministratore sono essenziali: tenacia, razionalità, abnegazione.

Concludiamo questo paragrafo prendendo in esame l'ultima "arma" che deve essere nella piena disponibilità dell'amministratore di condominio moderno, ovvero aggiornato e completamente inserito nella realtà odierna: l'empatia. Si tratta di un altro fattore rilevante dell'intelligenza emotiva ed è in buona sostanza quella qualità che consente a un individuo di calarsi alla perfezione in dinamiche emozionali e modi di pensare che non sono solo i propri, bensì degli interlocutori, dei quali infatti egli sa assumere il medesimo punto di vista, guardando in pratica dalla loro stessa prospettiva.

L'amministratore "empatico" si troverà a proprio agio negli ambienti più disparati, a contatto coi condomini più problematici, nelle situazioni più difficili. Teniamo inoltre ben presente che questa abilità è spesso determinata dalla capacità di leggere e interpretare correttamente il linguaggio del corpo e, più in generale, tutte quelle forme di comunicazione non verbale che pure hanno un'importanza crescente nelle società contemporanee. Pertanto l'amministratore empatico potrà dire di essere avvantaggiato nel proprio lavoro perché riesce a capire perfettamente gli stati d'animo dei condomini, dunque sa come relazionarsi ad essi.

Attenzione però a non abusare di questo dono, anzi di questa fondamentale competenza, assumendo cioè in maniera eccessiva il punto di vista altrui, quindi immedesimandosi troppo in contesti emotivi e stati d'animo che non sono i propri: il rischio infatti è di caricarsi sulle spalle le emozioni negative dei condomini, che finirebbero così per aggiungersi a quelle fisiologiche dell'amministratore. Ecco perché è importante ricordare che "empatia" significa comprendere il punto di vista dell'altro e le sue emozioni, ma non soffrire e patire insieme a lui.

In conclusione possiamo perciò dire che il controllo emotivo, l'automotivazione e l'empatia sono strumenti indispensabili per l'amministratore di condominio, di cui egli deve avvalersi. Si tratta infatti degli elementi imprescindibili d'una strategia comportamentale e relazionale che un amministratore moderno non può non elaborare scrupolosamente, attuandola poi nel migliore dei modi.

Saper capire per poter fare: le "competenze emotive" e l'amministratore di condominio come problem solver

Si può affermare che un individuo è davvero "intelligente" a livello emotivo non solo quando è in grado di regolare e moderare le proprie emozioni o perché legge correttamente quelle altrui, ma soprattutto nell'attimo in cui dimostra di sapersi comportare di conseguenza, trasformando cioè in azioni e iniziative concrete queste sue competenze. Sono infatti le cosiddette "competenze emotive" a qualificare l'amministratore di condominio come un autentico *problem solver*, ovviamente tanto più efficace quanto più abile sul piano relazionale.

In quest'ottica l'amministratore deve operare secondo una logica complessiva che in fondo non è granché diversa da quella d'un manager, ovvero qualcuno che sa come condizionare in maniera proficua le persone; qualcuno dunque capace di attuare strategie comportamentali mirate e incisive, in ragione delle quali i rapporti umani vengono gestiti per conseguire determinati obiettivi.

Le competenze emotive non sono un elemento astratto o distante dalla nostra quotidianità, perché hanno una funzione preziosa nella vita di tutti i giorni, durante la quale esercitiamo continuamente la nostra competenza emotiva sugli individui con cui veniamo in contatto: il nostro partner ad esempio, con cui abbiamo formato una famiglia, o magari un amico, che siamo propensi a frequentare perché sa essere presente quando ci sentiamo più scoraggiati; e via dicendo.

Per un amministratore di condominio non è differente e in tal caso la sua "competenza emotiva" sarà davvero tale nell'attimo in cui egli sarà capace di dispiegare quelle iniziative, quei comportamenti e quegli interventi che hanno l'obiettivo di costruire rapporti proficui nell'ambito della comunità condominiale. Così facendo, egli dimostrerà di essere un *problem solver* nel vero senso della parola, ma soprattutto di aver messo pienamente a frutto le proprie competenze emotive.

Esse si dividono in "personali" e "sociali". Le prime riguardano la nostra personalità, in particolare il grado di consapevolezza rispetto alle emozioni e alla loro influenza sulle azioni. Grazie alle competenze personali individueremo con più facilità sia i nostri punti di forza sia quelli deboli, ma potremo essere anche più duttili e flessibili, capaci cioè di approcciare in maniera positiva le situazioni inedite e le novità, dimostrando di superare qualsiasi ostacolo. Le competenze sociali invece hanno a che fare con la nostra abilità nel gestire le relazioni con altre persone, quindi hanno un nesso esplicito con il livello – maggiore o minore – di empatia che possiamo mettere in campo. Le competenze sociali si possono suddividere in cinque sottocategorie: competenze comunicative, di *leadership*, nell'appianare i contrasti, nella soluzione dei problemi, nel prendere decisioni.

È facile comprendere che le **competenze comunicative** al giorno d'oggi siano un *plus* effettivo, in grado di fare la differenza sul piano professionale e ormai devono essere considerate abilità trasversali, che vengono richieste a qualsiasi genere di professionista, non ultimo l'amministratore di condominio. Queste qualità peraltro non vengono insegnate a scuola, nondimeno sono importantissime e grazie ad esse l'amministratore saprà sempre esprimersi nel migliore dei modi, ad esempio durante un'assemblea condominiale o nell'attimo in cui uno o più condomini si rivolgono a lui per una lamentela o per una proposta.

Una persona "competente" a livello comunicativo è infatti qualcuno che interviene sempre opportunamente e soprattutto al momento giusto; sa inoltre quali argomenti affrontare e quali al contrario accantonare, nonché quando tacere e anche quale è il tono della voce più adeguato a uno specifico contesto.

Proviamo allora a elencare i principali fattori in grado di qualificare le competenze comunicative:

- <u>Essere capaci di parlare in pubblico</u>. Per un amministratore di condominio è una caratteristica essenziale, ovvero qualcosa che bisogna saper fare nell'ambito di questa professione, che richiede infatti la capacità di comunicare in pubblico. È una qualità che può essere allenata e migliorata, anche in maniera sensibile; ciò che non va fatto mai, invece, è pensare che si possa diventare bravi amministratori di condominio non sapendo parlare in pubblico. Chi pensa ciò è fuori strada, totalmente.
- <u>Possedere una ottima capacità di scrittura</u> significa innanzi tutto essere padroni della lingua e della grammatica, e per un amministratore di condominio si tratta di un altro passaggio che non può essere eluso: sia quando egli scrive una mail, sia quando è attivo sui social, sia infine a proposito di un'assemblea condominiale e più in generale dell'intera attività che caratterizza la nostra professione. Anche in tal caso chi crede che un amministratore possa fare a meno di tali competenze sbaglia di grosso, e anzi un soggetto

del genere verrà rapidamente identificato dai condomini come inaffidabile.

- <u>Essere competenti nel cosiddetto linguaggio non verbale</u>. Abbiamo già rilevato, più volte, quanto sia importante per l'amministratore saper leggere correttamente i comportamenti e gli atteggiamenti dei condomini anche nell'attimo in cui la comunicazione si attua in assenza di parole. Possiamo pertanto ribadire la centralità di questa fondamentale competenza, che deve far parte a pieno titolo dei "ferri del mestiere" del moderno amministratore di condominio.

- <u>Capacità di ascolto attivo</u>. Quando un amministratore è al cospetto d'un condomino che è portato a dialogare e magari a confidarsi con lui, ciò vuol dire che egli ha saputo ascoltarlo in maniera "attiva", cioè ispirando fiducia ma non limitandosi ad acconsentire a tutti gli argomenti di questo individuo. In questo modo l'amministratore entrerà in connessione profonda con la comunità che governa, rafforzando così il proprio ruolo complessivo.

- <u>Capacità di *storytelling* e di sintesi</u>. Non è possibile – magari nel corso di un'assemblea condominiale – udire un amministratore che incespica continuamente nelle parole e nelle espressioni che non è in grado di padroneggiare. Al contrario, è necessario che l'amministratore sappia comunicare in maniera fluida – anche nell'attimo in cui deve fare ciò in forma scritta – mostrando una buona capacità di sintesi e badando quindi all'essenziale in modo agile, pragmatico.

Passiamo ora ad analizzare più nel dettaglio le cosiddette **competenze di *leadership***, che un amministratore di condominio non può non possedere, anche perché si tratta di doti che egli dovrà avere spiccatamente. Al fine di mostrarsi e di essere realmente un leader, l'amministratore dovrà pertanto:

- <u>Migliorare costantemente la propria capacità di ascolto</u>. Un ottimo comunicatore – dunque anche un amministratore – è al contempo un ottimo ascoltatore, qualcuno cioè che si dimostra interessato ai propri interlocutori, con i quali sa costruire una vera "relazione", che in ultima analisi è sempre basata sulla fiducia reciproca. Saper ascoltare significa allora sapersi rapportare ai condomini, e per un amministratore ciò è imprescindibile.
- <u>Potenziare la propria consapevolezza</u>, cioè saper interpretare le emozioni – le proprie e quelle altrui – e avere anche la capacità di gestirle in maniera ottimale, ovvero non lasciando che generino nei condomini reazioni negative o eccessive.

- Rispettare la parola data, che per un amministratore di condominio significa essenzialmente essere leale e onesto nel proprio lavoro, vale a dire affidabile. Un leader infatti deve avere questa caratteristica, cioè decidere e assumersi le proprie responsabilità, senza se e senza ma.
- Accrescere l'attitudine al *problem solving*, in particolare cercando attivamente e proficuamente soluzioni a qualsiasi genere di problema. È un'abilità che si richiede all'amministratore di condominio – a volte anche in maniera eccessiva – e d'altronde questo è uno dei suoi compiti principali, che più lo contraddistingue a livello umano e professionale.

Le **competenze nell'appianare i contrasti** invece sono costituite da quell'insieme di qualità che per un amministratore risultano fondamentali giorno per giorno, nel corso della concreta gestione della comunità condominiale, che del resto non può non essere pacifica, ordinata, razionale. Ecco perché avere la capacità di appianare i contrasti fra condomini, o fra questi ultimi e l'amministratore, va considerato un *must*.

I comportamenti e gli atteggiamenti dell'amministratore hanno d'altronde precise conseguenze nell'ambito del condominio, sempre, quindi possono determinare malcontento o approvazione. Peraltro i contrasti che vengono prodotti da questa realtà non sono identici fra loro, quindi è possibile dividerli in "costruttivi" e "distruttivi". Nel primo caso il contrasto riguarda le situazioni e gli ambienti in cui esso si è sviluppato ma non le singole persone, che dunque non vengono giudicate o prese di mira per le loro idee; è allora possibile dialogare, confrontarsi ma anche accogliere argomenti differenti rispetto ai propri.

Si tratterà ovviamente di una situazione interlocutoria, nella quale l'amministratore potrà muoversi e operare, a differenza di un contrasto distruttivo che è tutto focalizzato sulla persona. In questo caso ogni posizione diviene assoluta o magari pregiudiziale, vi è una totale assenza di confronto e in questo clima l'azione dell'amministratore è sterile se non addirittura inutile. È chiaramente lo scenario peggiore per un amministratore di condominio, che spesso in un quadro simile diventa il bersaglio preferito o magari il capro espiatorio, quindi tende a isolarsi.

Vediamo allora più nel dettaglio in quale maniera si possono appianare i contrasti. Essenzialmente grazie a due doti, che un amministratore dovrà possedere in larghissima misura: pazienza e disponibilità. Queste qualità inoltre si possono perfezionare e affinare, principalmente

- <u>trovando il tempo per porsi in ascolto</u>. Quando un amministratore ignora un contrasto fra condomini, ciò è negativo, *in primis* perché nella comunità condominiale si instaurerà un clima pessimo, derivante dal fatto che proprio l'amministratore è carente nelle sue funzioni. Se egli sarà capace di ascoltare, invece, potrà sempre misurare il polso del condominio, avendone un quadro esatto, dei suoi pregi così come dei suoi problemi. Porsi in ascolto dell'altro è infatti l'*incipit* nella soluzione d'un problema.
- <u>riuscendo a rimanere imparziali</u>. Si tratta di un atteggiamento necessario, che ogni amministratore di condominio deve far proprio, anche perché è impossibile che egli parteggi per gli uni o per gli altri membri della collettività che amministra. Egli è infatti un mediatore e non ha affatto il compito di giudicare o di criticare, magari con toni aspri; al contrario dovrà sempre essere in grado d'immedesimarsi nei singoli condomini, comprendendo il loro punto di vista e smussando gli angoli.
- <u>mostrandosi riflessivi e assennati</u>. Ciò vuol dire che il comportamento dell'amministratore sarà improntato alla cortesia e alla razionalità, pur non mancando egli di capacità decisionale. In questo modo l'amministratore farà capire ai

condomini che i dissidi sono nocivi, improduttivi e vanno dunque evitati.
- <u>sapendo trovare un accordo</u>. Il bravo amministratore è sempre qualcuno che non enfatizza i momenti e i fattori di contrasto, ma anzi vuole trovare una soluzione nell'attimo in cui il condominio è percorso da tensioni o divisioni. Per fare ciò è necessario individuare quel che in una comunità unisce, mostrandosi dunque pronti a condividere esperienze, temi, argomenti e mai chiudendosi rispetto a una possibilità di dialogo, anche minima.

In ultima analisi, quando un amministratore di condominio possiede una spiccata capacità di appianare i contrasti non ha valorizzato – della propria personalità – l'intensità nel muovere una critica o nel polemizzare, bensì la sua forza nel persuadere, nel consigliare e nell'esortare.
Passiamo ora ad analizzare le **competenze nella soluzione dei problemi**, che per un amministratore – il quale, come abbiamo già scritto, è anche e soprattutto un *problem solver* – possono considerarsi non solo qualità quanto piuttosto caratteristiche costitutive, in assenza delle quali non vi è la possibilità di svolgere questa professione in maniera positiva. Si tratta d'altronde di un'abilità che può essere insegnata e appresa dall'amministratore di condominio, in particolare adottando un

comportamento in ragione del quale risolvere i problemi va ritenuta la normalità e non l'eccezione; così come realizzare un approccio meticoloso, misurato, non improvvisato alle varie questioni che si pongono di volta in volta.

Per facilitare il proprio compito l'amministratore potrà anche elaborare uno schema, nel quale riporterà ogni possibile soluzione da adottare in merito a uno specifico problema. In questa maniera egli sarà in grado di mettere in campo strategie efficaci, nonché concrete abilità gestionali. È molto importante, inoltre, che i criteri ai quali si ispira l'amministratore di condominio siano sempre improntati alla flessibilità, alla duttilità, ovvero alla possibilità di modificare la propria strategia complessiva. Essa d'altronde non è mai un elemento definitivo e immodificabile, ma anzi l'esatto contrario, tanto più nell'ambito di una realtà complessa – e a volte contraddittoria – come quella costituita dal condominio.

Ciò anche perché le questioni da risolvere non sono tutte uguali, ma anzi hanno una scala di priorità, di importanza, di urgenza e quel che le accomuna è il fatto che l'amministratore deve affrontarle giorno per giorno. Quando egli pensa che sia impossibile risolvere un problema, significa che lo "stress da condominio" ha preso il sopravvento, inibendo la sua capacità di riflettere e di agire di conseguenza, gettandolo così nello sconforto. Questo è uno stato d'animo estremamente deleterio per un amministratore di condominio, per il quale è basilare l'autostima, che del resto deriva sempre dalla capacità di gestire in modo proficuo le emozioni.

Quando l'amministratore individua il problema da risolvere, è fondamentale che egli sappia concentrarsi sui fattori principali di esso, non su aspetti secondari. Un altro errore da evitare è dare per scontato il problema, o magari essere frettolosi nel momento in cui ci accingiamo a risolverlo. È invece importante non sopravvalutare gli elementi congiunturali di una questione che vogliamo risolvere, non dimenticando i nostri obiettivi e non perdendo la nostra capacità di analisi. Se l'amministratore di condominio avrà agito così, sarà stato ugualmente in grado di disaggregare un qualsiasi problema e di valutarlo in ogni suo aspetto. A questo punto egli potrà dedicarsi al vero e proprio *problem solving*, caratterizzato dall'identificazione delle cause e poi delle soluzioni più probabili. In questi casi è necessario essere "creativi", vale a dire non fossilizzarsi in schemi mentali datati, bensì prendere in considerazione diverse ipotesi, anche perché – come già detto – il condominio è una realtà complessa, multiforme, dinamica. Per risolvere una questione condominiale è allora opportuno che l'amministratore sia in grado di modificare il proprio punto di vista, abbandonando preconcetti o posizioni "ideologiche", che non portano a nulla.

Nell'attimo in cui sentirà di essersi fatto un'idea sufficientemente chiara del problema da risolvere, l'amministratore dovrà passare alla fase più importante, ovvero quella delle decisioni da prendere. Anche in questo caso sarà opportuno valutare con attenzione elementi diversi, in particolare quelli che – in ambito decisionale – costituiscono punti di forza e di debolezza, nonché i fattori di rischio e i possibili scenari futuri.

Giunti ormai alla fine del libro, intendiamo concluderlo occupandoci proprio delle **competenze nel prendere decisioni**, che d'altronde sono strettamente legate al tema del *problem solving*. Per un amministratore di condominio si tratta di qualità essenziali, infatti egli non può svolgere il proprio compito temporeggiando sistematicamente o comunque dimostrando di non saper affrontare i problemi che man mano si pongono. Egli insomma deve pensare a sé stesso come a un *decision maker*, ovvero qualcuno che sviluppa un'attitudine particolare, tipica di quelle professioni nell'ambito delle quali saper scegliere e mostrarsi decisionisti sono qualità imprescindibili.

Ciò peraltro avviene quando si opera nel quadro di una collettività, comunque di una comunità, che viene influenzata, migliorata o danneggiata dalle decisioni che vengono prese da chi ha il compito di farlo, in tal caso l'amministratore di condominio. Un abile *decision maker* è del resto quell'amministratore capace di accreditarsi fra i condomini come una figura carismatica, cioè competente, autorevole, in grado di risolvere problemi e al contempo di rasserenare gli animi.

Pertanto quando un amministratore prende una decisione che si rivela giusta, dunque proficua per l'intero condominio, possiamo dire che ha saputo esprimere nel migliore dei modi la propria intelligenza emotiva, realizzando così un perfetto *mix* di autoconsapevolezza, controllo emotivo, automotivazione, empatia e competenze emotive.

BIBLIOGRAFIA E SITOGRAFIA

- *Intelligenza emotiva: impara a conoscere e gestire le emozioni per non caderne in trappola e affrontare la vita e le relazioni in modo migliore*, Alfredo Olmi, Maggio 2021
- *Stess da condominio, è tutto vero?* Lastampa.it, Novembre 2007
- *Sociologia condominiale 1 - Il condominio logorroico,* Ilsole24ore.com, Aprile 2022
- *Live – "Condomio senza stress: i segreti dell'avvocato",* Danea.it, Febbraio 2023
- *La nostra vita in condominio diventa un inferno,* Condominioweb.com, Novembre 2017
- *Condominio no stress,* condominionostress.it
- *Contro le liti e lo stress la psicologa arriva in condomionio,* psicologa-milano.it, Gennaio 2014
- *Liti condominiali una delle principali fonti di stress per migliaia di riminesi,* Riminitoday.it, Giugno 2018

Printed in Great Britain
by Amazon